L3 48. 1819.

DES ÉLECTIONS PROCHAINES,

DANS

LES DÉPARTEMENS

DU

HAUT-RHIN ET DU BAS-RHIN;

PAR

C. Marchand.

A STRASBOURG,

Chez PFÆHLER et Comp.ᵉ petites arcades, N.° 6.

Chez ALEXANDRE, rue brûlée N.° 28.

Chez PHILIPPE JACQUES DANNBACH, rue St.ᵉ Hélène N.° 7.

A COLMAR, chez PANNETIER, libraire.

A MULHOUSE, Chez RISSLER et Comp.ᵉ imprimeurs-libraires.

DES ÉLECTIONS PROCHAINES,

DANS

LES DÉPARTEMENS

DU

HAUT-RHIN ET DU BAS-RHIN.

Il est des vérités qu'on ne saurait trop répéter, lorsqu'il s'agit des affaires de tous, comme il n'est aucune considération qui doive nous arrêter lorsqu'il s'agit d'éclairer ses concitoyens sur le choix de nos premiers, de nos plus légitimes défenseurs. A Dieu ne plaise que j'apporte, dans l'opuscule qu'on va lire, la prétention de dicter moi même ces choix! Cette prétention est aussi loin de ma pensée qu'elle serait déraisonnable et impuissante. Je ne veux que rappeler, si je puis, et réduire à leur plus simple expression les conditions qu'on doit exiger d'un candidat afin d'élire un bon et loyal député; et quant aux personnes, je ne fais que publier les renseignemens que j'ai recueillis auprès des électeurs, ou du moins de plusieurs d'entre-eux, désirant de n'être, sous ce rapport, que l'écho du plus grand nombre.

Et si quelqu'un se plaignait de ne trouver ici que des choses rebattues, que des vérités triviales à force d'avoir été enseignées, ma réponse serait toute prête : je n'écris que pour ceux qui les ignorent, et je fais les vœux les plus sincères pour qu'un jour elles ne soient ignorées de personne.

Mais avant que d'entrer en matière, il est un aveu auquel je suis conduit, malgré moi, et que je ferai, quoiqu'il m'en coûte, avec humilité et résignation; j'ose compter néanmoins qu'il ne m'aliénera pas l'indulgence du lecteur. Nous vivons, on peut le dire, dans le siécle des *circonlocutions*. Jamais on n'a plus torturé la langue, jamais on n'a usé de plus de réticences et de métaphores, pour exprimer publiquement sa pensée, que depuis l'établissement du systême interprétatif. Et il faut convenir qu'en cela on a cédé à la force : car, si la prison et l'amende ne sont pas les moyens les plus persuasifs, ils sont au moins les plus efficaces. Il a fallu renoncer à appeler *un chat un chat* depuis que de nombreux et fulminans réquisitoires sont venus nous avertir du danger. C'est ainsi qu'au lieu de dire monsieur un tel est un fripon , on a dit monsieur un tel pourrait bien avoir quelque chose à se reprocher; qu'au lieu de signaler tel autre comme un magistrat ignorant et passionné, on en a parlé comme d'un homme un peu trop zélé pour la bonne cause; qu'au lieu d'avertir que le peuple est fermement résolu à ne plus souffrir le despotisme et l'arbitraire, on a prévu quelqu'opposition aux mesures exceptionnelles dont le peuple éprouvait les rigueurs; etc. etc. — A mon tour, et si je parlais des personnes, je serais peut-être dans la nécessité d'employer de semblables ménagemens. Par exemple, au lieu de dire messieurs ×××××× et ×××× furent de mauvais et indignes députés, je conviendrais qu'ils n'ont pu mieux faire; au lieu de désirer et d'affirmer qu'ils ne seront jamais réélus, j'exprimerais la crainte de voir leur département se priver de leur appui lorsqu'il en viendra pour eux à une réélection.

Ceci posé, et après avoir demandé pardon des détours auxquels je suis forcé de recourir, grâces au goût du jour, j'ai presque dit à la corruption de notre temps, j'aborde les élections.

Quelles sont les qualités d'un bon représentant? Des lumières et du patriotisme.

Et je devrais placer le patriotisme en première ligne, car, il n'est pas toujours indispensable d'avoir pour député un orateur ou un homme d'état; mais il l'est toujours d'avoir un défenseur incorruptible des libertés de son pays : un simple vote constitutionnel est assez éloquent.

Avec du patriotisme, jamais votre député ne trafiquera de vos droits ; jamais il ne capitulera avec sa conscience, jamais il ne fera au pouvoir une concession honteuse; jamais il ne consentira à la violation du pacte fondamental à raison de tant l'article.... Je ne dis pas que cela existe, je dis ce qui ne sera jamais avec du patriotisme.

Cependant il convient de s'entendre sur la signification du mot. Ce serait un singulier patriotisme que celui du député qui croirait remplir ses devoirs en montrant une gourmande assiduité à la table des ministres, en ne songeant qu'à obtenir des places pour lui, pour ses fils, pour ses neveux, pour ses gendres, ou enfin en recevant, d'une manière non moins palpable, le prix d'un vote nécessaire au pouvoir. Le véritable représentant de son pays est celui qui fait abnégation de tout intérêt personnel; qui ne voit dans le mandat de ses commettans que le respect dû à la constitution. Pour lui aucune faveur, aucune promesse ne sont rien: il ne transige point avec l'honneur; son seul desir n'est point de recevoir, au bout d'une ou de plusieurs sessions, le prix de sa basse condescendance : il veut rentrer dans son département avec l'estime de ceux qui lui ont confié leurs intérêts les plus chers.

Mais, dira-t-on, où trouver de tels hommes? Je réponds que si l'on en croyait les nombreux prétendans, ils ne seraient pas rares. A les entendre tous réunissent au plus haut degré les qualités nécessaires : quelle que soit son opinion, celui qui brigue les suffrages des électeurs est digne de leur confiance. Un ultrà, un ministériel se placeront naturellement audessus d'un libéral; ils vous promettront tout ce que vous voudrez, et ils auront raison, car ils ne s'engagent à rien. Comme vous ne parlez point la même langue, ils n'en agiront pas moins, chacun dans son intérêt, sauf ensuite à discuter sur les termes. L'ultrà vous prouvera que les priviléges de l'aristocratie sont dans la charte, et le ministériel que les représentans de la nation doivent être les très-humbles serviteurs des ministres. A ce compte, le premier consentira à toutes les violations du pacte fondamental, et le second n'aura d'autre règle de conduite que la volonté de leurs excellences.

Je vois d'ici un électeur de bonne foi sourire à mon raisonnement et le trouver superflu. ,,A quoi bon dira-t-il s'effrayer des ultràs et des ministériels? Il n'y a qu'à ne point élire de ministériels et d'ultràs,,. L'objection serait décisive, s'il était possible de ne point s'y tromper : on peut facilement reconnaître un défenseur prononcé de l'aristocratie, mais qui vous dira que tel homme, dont le langage est tout constitutionnel, n'a point des vues personnelles, ou ne se laissera point corrompre? N'a-t-on pas, dans plusieurs départemens, poussé la bonhomie jusqu'à élire des *fonctionnaires publics* sur l'indépendance desquels on comptait?... Des fonctionnaires publics députés! Comme si, dans aucun cas, le même individu pouvait-être juge et partie; comme si ceux-là qui vivent du pouvoir étaient intéressés à le surveiller et à s'opposer à ses envahissemens! Spectacle étrange : la chambre des députés offre en ce moment cinq ministres-députés, sur six, et les dernières lois d'exception n'ont été votées qu'à une aussi pauvre majorité(1).

Toutefois, on paraît généralement revenu de cette erreur; les députés-fonctionnaires, sortis aux dernières élections, n'ont point été réélus ou l'ont été en très-petit nombre, et il faut espérer qu'on saura s'en priver à l'avenir dans tous les départemens. S'il est difficile de trouver hors de l'administration un homme assez indépendant, pour

---

(1) Il est d'honorables exceptions. On peut citer deux ou trois députés qui ont préféré de renoncer à leurs places plutôt que de capituler avec leurs consciences; mais les Dupont de l'Eure et les Girardin sont rares.

être bon député à plus forte raison ne peut-on espérer de le rencontrer dans les agens du gouvernement. Il est vrai qu'ils ont plusieurs moyens de gagner les suffrages de certains électeurs. On peut desirer d'avoir une place ou craindre de perdre celle qu'on a....

Mais sans descendre jusqu'aux fonctionnaires publics, combien un électeur ne doit-il pas être en garde contre les démonstrations, les protestations, les bassesses de tout genre dont tel homme est capable afin de capter sa confiance au moment des élections. C'est alors qu'on est poli, qu'on est serviable. Que de *cher ami* ne dit-on pas? que de mains pressées à des hommes qu'on n'a jamais vus ou dont on craint la sévère probité! Avec quelle ingénuité un *ventru* se dit libéral ; avec quel douceur il fait son apologie! Jamais il ne dévia des bons principes; il veut consacrer sa vie à la défense des droits du peuple.... Nommez-le, il dînera cinq fois par semaine chez les ministres.

C'est sourtout dans sa conduite passée qu'il faut juger la conduite à venir d'un député. Celui qui, au temps de l'anarchie, ne trempa dans aucun excès et se montra constamment l'ami de l'ordre; qui sous le despotisme ne fut point coupable d'adulation et n'encensa jamais le pouvoir du jour; dont les services publics, s'il en a rendus, ont été marqués au coin du désintéressement et d'une intégrité malheureusement trop rare : celui-là, s'il existe, fera un bon député.

L'homme que son industrie a placé au premier rang de ses concitoyens, sous le rapport de la fortune, dont l'indépendance est par conséquent assurée ; que l'envie d'avoir des places ou des rubans, qu'aucune considération personnelle, aucune rélation ne feront changer ; celui qui jouit de l'estime du département dont il pourrait d'autant mieux défendre les intérêts qu'il possède des connaissances fort étendues et qu'il a déjà prouvé son dévouement à la chose publique : Celui-là, s'il existe, fera un bon député.

Maintenant, et d'après ces données, disons quels sont les hommes que les électeurs des deux départemens du Rhin ont généralement. en vue. J'ai déjà exprimé l'intention ou j'étais de n'indiquer que ceux qui semblent réunir, quant à présent, le plus de suffrages ; j'ai lieu de croire que mes renseignemens ne sont point erronnés, et si je passe sous silence quelques noms mis également sur les rangs, j'aurai du moins l'espérance de n'avoir parlé que de candidats auxquels il est juste de penser et auxquels on pense en effet.

Mais qu'on me permette avant tout une réflexion qui m'est dictée par l'éloignement qu'on semble avoir en Alsace, notamment dans le Bas-Rhin, pour les hommes qui ne sont point domiciliés ou propriétaires dans le département. D'après l'art. 42 de la charte (art. auquel la dernière loi d'élection n'a rien changé), la moitié de la députation peut être choisie *hors du département*; or, ce serait quelquefois commettre une grave erreur que de ne point profiter de cette latitude. On ne rencontre pas toujours dans son département un représentant fidèle et zélé, et personne ne doit oublier qu'un député n'est pas seulement le député d'une localité, mais encore celui de *toute la France*. Que si l'on craignait de ne point trouver dans un choix, fait hors du département, l'avantage que doit offrir le citoyen qui le connaît parce qu'il l'habite, on perdrait de vue l'obligation où l'on est de nommer la moitié au moins de la députation dans le département, d'après la même disposition de la charte; d'ou il résulte qu'une députation peut toujours être suffisamment éclairée sur les intérêts locaux. Je puis d'ailleurs invoquer, ici, le témoignage de plusieurs départemens qui ont grossi le nombre des députés constitutionnels, en usant de cette faculté. La Vendée, la Sarthe et le Finistère sont les premiers dont ma mémoire me rappelle les noms: qu'ils disent s'ils n'ont pas dans ces députés les plus fermes soutiens, non seulement des intérêts de tous, mais encore des besoins particuliers à ces départemens (1).

(1) Il est d'ailleurs des propriétaires de l'Alsace qui ne s'y rendent qu'au moment des élections et pour cajoler les électenrs: ceux-là sont-ils donc bien dignes de confiance et méritent-ils le beau nom d'Alsacien ?

- J'arrive aux personnes que l'opinion publique désigne, dans le Haut-Rhin et dans le Bas-Rhin, pour les prochaines élections. Ces deux départemens ont, d'après la dernière loi, chacun deux nouveaux députés à nommer.

BAS-RHIN.

M. J. G. HUMANN, négociant, est sans contredit celui dont le nom sortira le premier de l'urne électorale. Mes éloges n'ajouteraient rien à la réputation de M. Humann, et je ne crains pas de me dire l'echo de la majorité en affirmant qu'il passera d'emblée.

M. MAGNIER-GRANDPREZ vient après M. Humann; mais, ici, et je me hâte d'en avertir le lecteur, j'ai des explications à donner; je le ferai avec franchise. Si je suis dans l'erreur, on rendra au moins justice au motif et à l'impartialité qui m'auront dirigé.

Il faut distinguer entre M. Magnier-Grandprez de 1816 et M. Magnier-Grandprez de 1820; je dis qu'il faut distinguer, voici pourquoi :

M. Magnier-Grandprez, député du Bas-Rhin en 1816 et 1817, ne répondit pas à l'attente de ses commettans : il siégea au centre et se montra disposé à répondre aux invitations ministérielles; j'ai moi-même eu l'occasion d'imprimer dans le temps cette fâcheuse vérité. En 1818, il se rapprocha beaucoup du côté gauche; je l'ai vu voter avec les incorruptibles défenseurs de la nation. Mais il était trop tard : M. Magnier-Grandprez ne put faire oublier la conduite qu'il avait tenue dans les deux sessions précédentes : il ne fut point réélu en 1819. Avec les électeurs du Bas Rhin, il faut tenir ce qu'on promet.

Mais, il faut le dire aussi, depuis cette époque, M. Magnier-Grandprez a manifesté hautement une opinion libérale; il n'a pas hésité à faire l'aveu de l'erreur qui le conduisit dans les rangs ministériels en 1816 et 1817; il paraît convaincu aujourd'hui qu'il faut être fidèle à son mandat lorsqu'on *ambitionne la couronne civique;* il a d'ailleurs devant les yeux l'exemple des députés actuels du Bas-Rhin. M. Magnier-Grandprez possède des connaissances assez étendues pour n'être point étranger aux questions les plus importantes. Beaucoup d'électeurs pensent qu'il ne pourrait plus, sous peine d'encourir la réprobation générale, oublier les principes constitutionnels; qu'il irait s'asseoir à côté des Saglio et des Lambrechts, et qu'il serait dans l'intérêt du département de le porter à la chambre: c'est l'opinion d'un grand nombre, et il est à ma connaissance particulière, que telle est aussi celle de personnes *qui font autorité* et qui ont la confiance des électeurs du Bas-Rhin.

M. Magnier-Grandprez aurait eu un concurrent dans le respectable M. Rudler; mais, *j'en ai la certitude*, ce digne patriote n'accepterait pas; et il faut bien se garder de se désunir si l'on veut éviter un choix malheureux. M. Rudler, en possession de l'estime publique, dont il est si digne, M. Rudler, dont plusieurs départemens se seraient disputé l'élection, est depuis plusieurs années dans la nécessité de renoncer à des fonctions publiques pour cause de santé.

Or, si les électeurs du Bas-Rhin ne s'accordaient pas sur le second candidat, il en pourrait résulter, je le répéte, un choix très-malheureux. Je suppose, par exemple, qu'un homme eût dit en 1814 ,,toute l'Alsace méritait le sort des villages brûlés par l'ennemi,,; qu'un tel homme, dis-je, se mît sur les rangs: serait-ce un bon député? Et que cet autre, disposé à sacrifier aujourd'hui les intérêts du peuple au pouvoir du jour, voire même au parti ultrà, quoiqu'il doive sa grande fortune à la révolution; que celui-là vînt encore briguer les suffrages: serait-ce un bon député? Il est possible que mes portraits n'aient point de modèles, je le desire; toutefois, s'ils sont ressemblans, ce ne sera pas ma faute, ce sera celle de la ressemblance (1).

---

(1) Qu'on prenne garde surtout à l'éligible complaisant qui, pour enlever des voix au candidat libéral, feindrait de se mettre sur les rangs et faciliterait ainsi l'élection du candidat ministériel.

HAUT-RHIN.

M. *Jacques* Kœchlin, maire de Mulhouse, et l'un des premiers fabricants de cette ville, réunira les suffrages et il remplira l'attente de ses commettans. Il ne leur fera pas de vaines promesses ; il n'ira point s'asseoir platement au centre pour obtenir un emploi du ministère, à l'imitation de certain maire dont l'exemple ne sera jamais contagieux pour M. Jacques Kœchlin.

M. *George* Lafayette, propriétaire dans les départemens de Seine et Marne et de la Haute-Loire, fixe également l'attention des électeurs du Haut-Rhin. M. G. Lafayette est fils du général, et il est digne de son père. En 1818, le général Lafayette n'avait pû être élu en Seine et Marne, grâces aux efforts des agens ministériels, et le département de la Sarthe, où il n'était connu que par sa réputation, s'empressa de le porter à la chambre. Le même honneur attend son fils dans un département aussi indépendant que la Sarthe. M. George Lafayette était membre de la chambre des représentans en 1815 ; il protesta, en cette qualité, comme plusieurs de ses collégues, contre la violation dont se rendaient coupables les soldats étrangers : on sait que nos mandataires ne cédèrent la place, qu'aux baïonnettes de nos amis les ennemis. Un seul mot peut caractériser le dévouement de M. G. Lafayette à la cause de la liberté : s'il est élu, sa place est marquée entre son père et M. D'Argenson.

Après avoir parlé de ceux que je crois capables de représenter dignement leurs compatriotes, comment résister au desir de citer des exemples d'autant plus précieux qu'il sont pris dans nos députations actuelles ? Combien je m'applaudis, en cette occasion, d'avoir à rendre hommage à l'honorable conduite des députés de l'Alsace ! Certes, il serait difficile de trouver nulle part plus de motifs d'éloges.

Le département du Bas-Rhin est représenté en ce moment par quatre députés, savoir:

    1.° M. Lambrechts,
    2.° M. Florent Saglio,
    3.° M. Brackenhoffer,
    4.° M. Türckheim.

On sait que, malgré son état de maladie, M. *Lambrechts* n'a cessé de remplir ses devoirs durant la session dernière. S'il n'a pu souvent prendre part à la discussion, du moins *il s'est fait porter quatre fois* à la chambre, pour voter contre l'arbitraire (1).

M. *Saglio* a, par des opinions énergiques, combattu les lois exceptionnelles; il a prouvé qu'il était digne de la confiance des électeurs ; j'ose dire qu'il a surpassé leur attente. Ce vrai député n'entend, depuis son retour, parmi nous, qu'un concert de félicitations, et il a le bonheur de les mériter.

Quant à MM. *Brackenhoffer* et *Türckheim*, personne ne doute de la constitutionnalité de leurs votes; ils ont constamment siégé au côté gauche.

Le département du Haut-Rhin est représenté par trois députés, savoir :

    1.° M. d'Argenson,
    2.° M. d'Argenson,
    3.° M. d'Argenson.

Nommer ces trois députés, c'est faire l'éloge le plus complet. Leur zèle, leur dévouement à la cause nationale, leur admirable constance, leur attachement inébranlable aux principes de justice et d'humanité: tout cela est passé en proverbe.

---

(1) On doit à M. Lambrechts l'amendement adopté par la chambre le 12 mars 1820 (art. 6 de la loi du même jour) et d'après lequel les acquéreurs et sous-acquéreurs de rentes domaniales, ainsi que les acquéreurs des biens grévés, sont à l'abri de toute recherche, de la part du domaine, en paiement d'un supplément de prix, et sont en tout assimilés aux acquéreurs des biens nationaux: bienfait pour la haute et la basse Alsace où il s'est fait pour environ six millions d'aliénations de rentes foncières.

Les deux départemens ont prouvé la vérité de ce qu'on vient de lire par des marques non équivoques de leur vénération et de leur reconnaissance pour ces dignes et loyaux mandataires. Aussi ceux-là sont-ils sûrs d'être réélus, quoiqu'il arrive, et malgré l'intrigue et la vénalité.

Si les électeurs se montrent pénétrés de leurs devoirs, s'ils ne mettent aucune négligence à remplir la plus belle des fonctions ; s'ils choisissent leurs nouveaux députés sur de pareils modèles ; si, sourtout ils sont imités dans les autres départémens, on ne pourra point dire de la France ce que Rousseau disait d'une nation indifférente : *elle a des représentans pour la vendre.*

Faute essentielle à corriger.

Le copiste m'a fait dire à la page 12 que la députation du Haut-Rhin était composée de M. d'Argenson, de M. d'Argenson et de M. d'Argenson ; c'est une erreur que je m'empresse de rectifier. La députation de ce département doit être de trois membres ; et j'ai un souvenir confus que MM. *Deserre*, aujourd'hui garde-des-sceaux, et *Moll*, directeur des contributions (depuis qu'il siége à la chambre), furent élus après M. d'Argenson.

NOTE

NOTE PARTICULIÈRE.

Comme les gazettes sont muselées, comme on leur a défendu jusqu'à présent de publier les honneurs rendus au députés fidèles, sur tous les points de la France, je me fais un devoir d'entrer à cet égard dans quelques détails touchant les députés Alsaciens.

A Mulhouse M. d'Argenson a été reçu de la manière la plus honorable et pour celui qui était l'objet des félicitations publiques, et pour les habitans de cette ville dont le patriotisme est si pur et si unanime. Le maire, M. Jacques Kœchlin, était allé audevant de M. d'Argenson, et c'est dans la voiture de ce digne fonctionnaire qu'il fit son entrée à Mülhouse. (Il paraît que M. Jacques Kœchlin croit pouvoir remplir ses devoirs et présider à une fête de famille offerte à un loyal député; bien des maires ont le malheur de différer en cela avec celui de Mülhouse). Il y eut banquet, bal, etc. — La fête dura deux jours.

A Strasbourg les députés du Bas-Rhin n'ont pu être fêtés que le 26 Septembre, parce que, depuis la session, ils ne s'y étaient point trouvés réunis. Le banquet qu'on leur a offert a eu lieu dans l'hôtel du miroir.

Une simple couronne de chêne décorait la place de chacun des députés, et après le repas, on conduisit à leur domicile MM. Saglio, Brackenhoffer et Türckheim, en les priant d'agréer ce témoignage de la reconnaissance de leurs commettans. La couronne de M. Lambrechts fut placée pendant le dîner devant le fauteuil qui lui avait été réservé; elle indiquait d'une manière touchante le vide, que son absence laissait dans cette réunion à laquelle sa santé et son éloignement ne lui ont pas permis d'assister. La lettre que ce digne représentant a écrite aux souscripteurs pour leur exprimer ses regrets na pu qu'ajouter à ceux qu'ils éprouvaient eux-mêmes; la lecture de cette lettre a été couverte d'applaudissemens. — Une triple salve de *vivat* a également répondu au toast qu'un convive a porté: *aux députés défenseurs de nos libertés.*

J'oubliais de parler d'une sérénade donnée la veille à MM. Saglio, Brackenhoffer et Turkheim par des amateurs qu'on retrouve toutes les fois qu'il s'agit de prouver du patriotisme. On m'assure, mais j'ai peine à le croire, que la police avait défendu que ces sérénades fussent jouées en pleine rue, ce qui aurait obligé les exécutans à entrer dans la cour de chaque maison. J'en doute, pourtant je le voudrais. Cela prouverait au moins que la police a du discernement: entre les représentans et les représentés on ne saurait trop rapprocher les distances.

P. S. On a cherché à jeter de la défaveur sur cette réunion en en faisant honneur à un très-petit personnage dont toute l'ambition se bornait à être admis comme souscripteur, et qui effectivement a été un des premiers à rendre cet hommage aux députés du Bas-Rhin. Certains hommes ne peuvent-ils donc sortir de la vérité sans tomber dans l'absurde? Ou bien croient-ils racheter leurs turpitudes en se vouant au ridicule? Qu'ils choisissent.

S T R A S B O U R G,

de l'imprimerie de Ph. J. Dannbach, imprimeur de la Mairie.